COMTE GUY DE LEUSSE

Épisode

d'un

Drapeau Français

sauvé en 1870

PARIS

TYPOGRAPHIE PHILIPPE RENOUARD

19, RUE DES SAINTS-PÈRES, 19

1906

Épisode

d'un

Drapeau Français

sauvé en 1870

COMTE GUY DE LEUSSE

Épisode

d'un

Drapeau Français

sauvé en 1870

PARIS

TYPOGRAPHIE PHILIPPE RENOUARD

19, RUE DES SAINTS-PÈRES, 19

1906

AVANT-PROPOS

Trente-six années se sont écoulées depuis la guerre de 1870. Ceux qui ont joué un rôle pendant cette campagne disparaissent peu à peu; d'autres qui, comme moi, étaient enfants alors, commencent à vieillir.

Bientôt les souvenirs personnels de cette époque seront rares.

Peut-être est-il utile de fixer certains de ces souvenirs avant que l'âge et l'oubli ne viennent les effacer.

C'est ce que j'ai désiré faire dans les lignes qui vont suivre.

Mon père était, en 1870, député du Bas-Rhin et maire de Reichshoffen, où les Allemands le firent prisonnier sur parole après la bataille du 6 août.

Il m'a souvent conté les événements auxquels il a pris part pendant l'année terrible, et je possède le journal qu'il écrivait chaque soir à ce moment-là.

J'ai souvenance aussi des histoires que nous disait notre vieux serviteur, André Rey, qui était resté avec mon père en Alsace pendant la guerre, et n'ai point oublié tous les récits que nous firent les habitants du pays lorsqu'en 1871 nous rentrâmes chez nous.

Je pense bien faire en écrivant, à l'aide de tous ces souvenirs, une histoire souvent racontée, mais toujours dénaturée : celle du drapeau du 36º régiment d'infanterie français.

J'ai eu recours, pour vérifier mes dires, à toutes les personnes qui, s'étant trouvées à Reichshoffen en 1870, étaient de ce fait en mesure de me renseigner.

Je me suis adressé au commandant, en retraite, Paquin, brillant lieutenant du 2ᵉ turcos au début de la campagne.

Ceux qui ont lu le récit des batailles de Wissembourg et de Reichshoffen savent ce que le 2ᵐᵉ régiment de turcos a su faire et a dû souffrir pendant ces deux sanglantes journées et quels vrais héros il renfermait.

J'ai eu recours à l'obligeance du frère Jérome, directeur de l'école des garçons de Reichshoffen au moment de la guerre, et à son auxiliaire d'alors, le frère Ferdinand, devenu directeur à son tour, poste qu'il occupe encore aujourd'hui.

J'ai écrit à la sœur Cécile, ancienne directrice de l'école des filles.

J'ai frappé à toutes les portes et partout j'ai reçu bon accueil. Chacun a bien voulu scruter sa mémoire, chercher dans ses vieux papiers et m'aider. A tous j'adresse mes plus sincères remerciements.

Anet (Eure-et-Loir). Octobre 1906.

I

Le 8 août 1870, surlendemain de la bataille de
Reichshoffen, le frère Simon, directeur de l'école des
garçons de Mertzwiller, village situé à deux lieues de
Reichshoffen, ayant formé un petit convoi composé de
trois voitures, se mit à sa tête et se dirigea vers le
champ de bataille du 6 août.

Le but de ce voyage était de porter secours aux
blessés qui pouvaient encore se trouver abandonnés
sur le champ de bataille, et aussi de ramener, sur Mertzwiller, d'autres blessés transportables et trop à l'étroit
dans les villages de : Reichshoffen, Fröschwiller et
Wörth qui étaient bondés.

Le frère Simon prit avec lui un petit sac dans lequel
il mit de quoi donner à boire et à manger aux blessés
qu'il devait rencontrer.

La voiture, dans laquelle se trouvait le frère, était
conduite par un habitant de Mertzwiller du nom de
Michel Strebler. Ce malheureux, comme on le verra
plus loin, quittait son village et les siens pour toujours !
Une autre voiture était menée par un nommé Raedlé
qui vit encore.

En plus des conducteurs, chaque voiture était accompagnée de deux ou trois hommes.

La petite colonne se mit en route vers midi et vint directement à Reichshoffen où elle ne fit qu'une courte halte.

Après avoir traversé le Grosse-Wald, à la lisière duquel tant des nôtres étaient tombés l'avant-veille, le frère Simon et sa suite arrivèrent à l'entrée de Frösch-willer.

Les voitures arrêtèrent et chacun descendit pour pénétrer dans les maisons et voir de quelle utilité il pouvait être.

Lorsqu'on vient de Reichshoffen et qu'on entre dans Fröschwiller, on laisse à sa gauche une route qui mène à Nehwiller ; immédiatement après cette route se trouvent plusieurs maisons de pauvre apparence, à la 3ᵉ ou 4ᵉ de ces maisons se trouve appuyée une petite grange.

Les gens de la suite du frère Simon entrèrent dans les premières maisons; le frère, toujours porteur de son sac, se dirigea vers la grange. Elle était pleine de blessés français, couchés sur de la paille et du foin, n'ayant personne, à ce moment-là du moins, pour les soigner.

Parmi les blessés et près de l'entrée de la grange, se trouvait couché un soldat du 36ᵉ de ligne qui devait être grièvement atteint ; car tout mouvement lui était impossible.

Il vit entrer le frère et, le prenant pour un prêtre, il l'appela en disant : « Monsieur le Curé ! »

Le frère s'approcha de lui ; lorsque les deux hommes furent tout près l'un de l'autre, le soldat demanda très bas au frère : « Y a-t-il des Prussiens ici ? »

Le frère Simon regarda autour de lui. Sauf les

malheureux qui étaient là étendus, pas une silhouette étrangère n'était visible.

— Nous sommes entre nous, dit le frère au blessé, qu'y a-t-il ?

— Je suis couché sur le drapeau de mon régiment, dit le soldat, prenez-le et tâchez que les Prussiens ne l'aient pas.

Le frère Simon, très ému de cette confidence, prit avec précaution le drapeau, sans hampe, sans aigle et sans cravate, sur lequel se mourait le soldat et, ayant à la hâte vidé son sac des victuailles qu'il renfermait, il mit le drapeau roulé à la place.

Qu'est devenu ce soldat du 36ᵉ de ligne qui, le 6 août 1870, a sauvé le drapeau de son régiment ?... Le frère Simon est retourné plus tard à Fröschwiller pour le revoir ; mais le petit soldat n'était plus là ! Ses camarades racontèrent que celui des leurs, qui avait occupé dans la grange la place que leur indiquait le frère, était mort depuis longtemps !

J'ai fait tout ce que j'ai pu pour retrouver son nom. Peine perdue ! Ce héros restera inconnu.

Il a dû être inhumé dans une des immenses tombes creusées à ce moment, et ses restes sont maintenant, je pense, dans l'ossuaire élevé par le « Souvenir Français » entre Wörth et Fröschwiller.

J'aurais voulu faire connaître son nom, le savoir affiché dans la salle d'honneur de son régiment et dans la mairie de son village, pour que tous les siens soient fiers de lui.

La grandeur de son acte est doublée par la simplicité avec laquelle il a su le faire.

Les théories anti-religieuses et anti-patriotiques qui ont cours maintenant nous laisseront-elles encore, dans la guerre future, des soldats qui sauront agir et mourir comme celui-là ?

Le frère Simon et sa suite firent plusieurs haltes dans Fröschwiller et chargèrent, dans leurs voitures, des blessés transportables. Ils traversèrent le village et descendirent la côte qui mène à Wörth.

En descendant cette côte, les trois voitures croisèrent plusieurs colonnes de l'armée allemande qui marchaient vers Reichshoffen. Le chef d'aucune de ces colonnes n'eut l'idée de les arrêter.

Il en fut autrement à l'entrée de Wörth.

Au moment où le frère Simon et ses compagnons, avec leurs voitures chargées de blessés, allaient s'engager dans Wörth, ils arrivèrent à la hauteur d'une tête de colonne d'infanterie qui faisait halte.

Le commandant de cette colonne demanda au frère Simon s'il avait l'autorisation d'emmener ainsi des blessés français qui étaient, non seulement des blessés, mais aussi des prisonniers de guerre.

Le frère ayant répondu qu'il ignorait que cette autorisation lui fût nécessaire, l'officier fit descendre tous les blessés qui durent rester à Wörth. Seuls ceux qui se trouvaient dans la voiture conduite par Michel Strebler furent dirigés, avec leur conducteur, sur Soultz-sous-Forêts.

Le pauvre Strebler voulut, le soir, retraiter sur Mertzwiller, mais l'intendance allemande réquisitionna sa voiture, ses chevaux et sa personne, et le tout fut emmené à la suite de l'armée !

Un mois plus tard Strebler se trouvait devant Metz. Un jour, menant ses chevaux boire dans la Moselle, il fut entraîné par le courant et personne ne l'a jamais revu !

Les deux autres voitures, plus heureuses, purent, avec le frère Simon, regagner Mertzwiller le soir même ; mais ayant jugé de l'encombrement des routes qui menaient vers Reichshoffen, elles évitèrent ce village et rentrèrent par Morsbronn et Forstheim.

De retour à Mertzwiller, le frère Simon prit le drapeau du 36ᵉ et le cacha dans son école où il fit un court séjour.

Comme on verra plus loin, il fut transporté aux ambulances de Reichshoffen qui se partagèrent entre elles l'honneur de sa garde.

II

Le frère Jérome, supérieur de l'école des garçons
de Reichshoffen, avait, sur la demande de mon père,
maire de ce village, organisé dès le matin du 6 août
une ambulance dans son école ; la sœur Cécile, directrice de l'école des filles, en avait fait autant dans ses
locaux ; enfin mon père avait agi de même au château
où, pour indiquer la destination qu'il donnait à son
habitation, il avait fait accrocher, en guise de drapeaux
blancs, un grand drap de lit à chaque paratonnerre.

Ces trois ambulances furent prêtes à fonctionner
dès 8 heures du matin, et vers midi elles étaient toutes
trois complètement pleines.

Au château on mit d'abord un blessé par lit, puis
on prit à chaque lit un matelas pour caser par terre un
deuxième blessé, enfin on mit de la paille dans les
corridors où les blessés furent couchés en longues
rangées et, toutes ces places étant prises, il fallut, vers
1 heure de l'après-midi, mettre de la paille sur les
marches du grand escalier et coucher les blessés, à
raison de un par marche, en laissant, le long de la
rampe, un étroit passage pour le service.

Au 1ᵉʳ étage du château, dans un hall, se trouvait un billard qui fut transformé en table d'opérations.

A 4 heures du soir, il y avait environ 250 blessés dans le château et, dans la nuit du 6 au 7, il y eut plus de 50 décès dans cette seule ambulance.

Les premiers cavaliers de l'armée allemande qui arrivèrent à Reichshoffen le 6 août entrèrent par l'avenue du château ; il était environ 3 heures 1/2 de l'après-midi.

Le général Ducrot et son état-major étaient encore dans la cour du château à causer avec mon père, les dernières troupes françaises se retiraient sur Niederbronn et Bitche.

Le général n'eut que le temps de sauter à cheval et de partir au galop par un chemin de traverse qu'on lui indiqua ; mais lui et son escorte furent aperçus par un groupe d'artillerie qui venait de se mettre en batterie sur le coteau qui domine le château.

Les pièces ouvrirent le feu sur eux au moment où ils arrivaient à la lisière de la forêt dite le « Sandholtz » ; un homme de l'escorte fut tué.

Les cavaliers allemands qui étaient arrivés par l'avenue voyant le général disparaître derrière le château crurent qu'il s'était caché dans l'habitation qui fut immédiatement cernée.

Des factionnaires furent placés tout autour avec ordre de tirer sur tous ceux qui tenteraient de sortir, et cette consigne fut maintenue toute la nuit, si bien que, même pour le service des blessés, on ne put chercher aucune aide à l'extérieur.

Les membres coupés sur le billard devenant trop nombreux, on dut les jeter par les fenêtres. C'est ainsi que fut perdu le bras amputé du colonel de Gramont. Une bague était restée à un des doigts, le colonel promit une grosse récompense à celui qui lui rapporterait son bras; mais il fut impossible de le chercher; car les membres, ramassés dès le lendemain, furent déposés avec les morts dans d'immenses tombes où les corps étaient placés par rangées superposées, séparées entre elles par une couche de chaux.

Parmi les blessés soignés à l'ambulance de l'école des frères se trouvait M. Maillet, lieutenant au 2ᵉ zouaves. Cet officier avait reçu un éclat d'obus qui s'était logé dans la nuque d'où les chirurgiens n'osèrent l'extraire.

Pendant plusieurs semaines M. Maillet conserva ainsi le projectile, moitié enfoncé dans la tête moitié visible à l'extérieur. Un beau jour, sans opération, l'éclat tomba de lui-même.

Vers le 10 août, M. Maillet, dont l'état s'était rapidement amélioré malgré le morceau de fer qu'il avait encore dans la tête, partit avec le frère Jérome pour faire une promenade.

Les deux hommes se rendirent en voiture à Mertzwiller où le frère Jérome fit une visite à son collègue le frère Simon.

Ce dernier mit le frère Jérome au courant de l'histoire du drapeau et lui fit remarquer que cet emblème serait plus en sûreté dans une ambulance de Reichshoffen que dans l'école de Mertzwiller où cantonnaient continuellement des troupes de passage.

On consulta le lieutenant Maillet et il fut décidé que ce dernier allait, séance tenante, rouler le drapeau en ceinture autour de ses reins pour le rapporter ensuite à Reichshoffen, où il serait caché dans l'ambulance de l'école des frères.

Le drapeau fit dans cette ambulance un très court séjour. Beaucoup des blessés qui s'y trouvaient étaient en état d'être évacués, leur départ pouvait être ordonné d'un moment à l'autre.

Le frère Jérome et le lieutenant Maillet décidèrent que le drapeau serait transporté à l'ambulance des sœurs située juste en face de celle des frères.

Mais, avant de laisser partir le drapeau de leur école, un des frères, le frère Ferdinand, découpa un morceau de l'étoffe qu'il conserva comme souvenir.

Dans l'ambulance des sœurs se trouvait le lieutenant Paquin du 2e turcos. Cet officier, blessé très grièvement, était obligé de garder le lit et son état ne permettait pas de prévoir, pour lui, un départ prochain.

Vers le 12 août, le lieutenant Maillet, ayant à nouveau mis le drapeau en guise de ceinture, traversa la grande rue du village et vint le déposer entre les mains de la sœur Cécile qui le glissa aussitôt entre les deux matelas du lit de M. Paquin[1].

Le lieutenant Paquin eut la garde du drapeau jusqu'au 16 août, époque à laquelle on put lui faire son lit pour la première fois.

Il parut alors dangereux de laisser le drapeau dans ce lit qui pouvait être fait à un moment où des médecins et des infirmiers allemands seraient dans la

---

1. Le frère Simon, qui reçut le drapeau dans la grange de Fröschwiller, est mort à Matzenheim (Alsace) en juillet 1893. Le lieutenant Maillet, qui transporta le drapeau de Mertzwiller à Reichshoffen, fut emmené en captivité à Ulm. Il est mort plus tard à Tlemcen.

pièce, et le lieutenent Paquin fit demander à mon père s'il consentirait à prendre au château la garde du drapeau.

Mon père ayant répondu affirmativement, vers le 20 août le turco Kaddour O[h] Moktar [1], ordonnance du lieutenant Paquin, ayant roulé le drapeau dans sa ceinture de turco, le porta au château où mon père le mit d'abord dans une cachette dans sa chambre, puis entre les deux matelas de son lit.

Le drapeau était à peine au château depuis 15 jours que des rumeurs fâcheuses circulèrent dans le village.

Un de nos serviteurs, disait la voix publique, avait été vu, à plusieurs reprises, avec les officiers allemands cantonnés à Reichshoffen. Ce serviteur était accusé d'avoir divulgué à nos ennemis la présence d'un drapeau français caché au château.

L'homme en question était un cocher, très brave garçon, un peu bavard il est vrai, magnifique gaillard qui avait servi dans la garde impériale et terminé sa carrière militaire comme cent-gardes.

Jamais personne dans la maison n'aurait eu sur lui semblable soupçon, et du reste mon père ne crut aucunement à ces bruits malveillants. Mais ces bruits, hélas ! produisirent leur effet et un beau matin, dans les derniers jours d'août, sans avoir crié gare, les Allemands se présentèrent au château déclarant qu'on devait leur livrer immédiatement le drapeau français qui s'y trouvait caché.

Nous avions à cette époque, comme maître d'hôtel, un de ces vieux serviteurs comme on en voit bien peu maintenant.

Entré tout jeune chez mes grands-parents, il avait

1. Le turco Kaddour O[h] Moktar vit encore (1906), il habite Franchetti, dans la province d'Oran.

vieilli chez nous et était l'ami plus que le serviteur de la maison. Il avait la confiance entière de mon père et de tous les miens.

Ne parlant jamais, toujours calme et maître de lui, faisant son service sans qu'on s'aperçoive de sa présence, tel était notre vieil André Rey, que ma famille a eu le malheur de perdre très peu d'années après la guerre.

Le 6 août, pendant la bataille, il avait montré un sang-froid et un courage admirables.

C'est lui qui avait reçu, avec mon père, le drapeau des mains du turco de M. Paquin et c'est lui qui, chaque matin, en faisant le lit de son maître, le replaçait, avec soin, entre les deux matelas.

L'officier allemand qui venait réclamer le drapeau fut reçu par André Rey qui déclara ne pas savoir ce que « Monsieur l'officier » voulait dire ; mais s'il voulait bien attendre un instant, lui André, allait chercher « Monsieur le comte ».

Mon père descendit et fit l'étonné lorsque l'officier parla d'un drapeau caché dans le château.

Devant cette attitude, et après plusieurs menaces, l'officier déclara que le château était cerné et qu'il allait ordonner une visite domiciliaire.

Pendant une partie de la journée, procédant méthodiquement, chambre par chambre, mur par mur, les soldats allemands, dirigés par l'officier, cherchèrent le drapeau.

Heureusement le lit de mon père ne fut pas défait. Le soir venu, pour ne pas avoir l'air de s'en aller bredouille, les visiteurs emportèrent quantité d'armes, chassepots, sabres, etc., qui provenaient des blessés soignés au château.

Cette visite domiciliaire, les circonstances et les

racontars qui l'avaient fait naître, jetèrent un grand malaise dans tout le personnel du château.

On se savait trahi et des soupçons planaient sur quelqu'un !

Vers le 5 ou 6 septembre, sachant ma mère et ses six enfants à Montboissier en Eure-et-Loir, recevant de très mauvaises nouvelles de l'état politique de la France, mon père résolut de mettre les siens à l'abri de l'invasion et de la révolution. Comme il était, à Reichshoffen, prisonnier sur parole, il demanda au gouverneur du pays, le comte de Bismarck-Bohlen, une permission et un sauf-conduit pour se rendre en France y chercher sa famille et la mener en Suisse.

Le comte de Bismarck-Bohlen donna l'autorisation après avoir exigé le double engagement d'honneur suivant :

Pour toute la durée de la guerre mon père s'engageait à ne pas porter les armes contre l'Allemagne et, aussitôt sa famille retrouvée, il devait sortir de France.

Mon père s'absentant, sa chambre pouvait être occupée par d'autres que par lui ; car les passages de troupes étaient fréquents. Le drapeau devait donc quitter sa cachette dans le lit pour chercher ailleurs un abri plus sûr.

Cette fois, pour éviter la moindre indiscrétion, on eut toutes les précautions possibles.

Mon père et André prirent le drapeau qui fut plié et mis dans une boîte en fer-blanc destinée d'habitude à conserver des fourrures en été.

En pleine nuit, André, sans aide ni complice, descendit dans les caves du château, souleva une dalle, fit un trou dans la terre et déposa au fond la boîte en fer-blanc ; puis remit tout en place.

Le lendemain, mon père quittait Reichshoffen.

3

Malgré toutes ces précautions, deux mois à peine après la mise en place du drapeau dans sa cachette souterraine, des bruits circulaient à nouveau dans le village !

Le drapeau, disait-on, était dans les caves du château, les Allemands en étaient avertis et, cette fois encore, le cocher était accusé, par la voix publique, d'être l'auteur de cette nouvelle trahison.

Le résultat de ces bruits ne se fit pas attendre et un beau jour de novembre une nouvelle visite domiciliaire fut ordonnée.

Le château cerné, des soldats allemands entrèrent, visitant tous les recoins. Des menaces furent faites au brave André qui, toujours calme, déclara ne pas comprendre ce que « Messieurs les officiers » voulaient dire.

Cette fois la visite au château fut terminée rapidement et toute l'attention des chercheurs bien renseignés se porta sur les caves.

Les caves du château de Reichshoffen sont très grandes, elles constituent un véritable bâtiment soutenant le château proprement dit. Le sol en est dallé avec de grandes pierres en grès des Vosges.

L'officier chargé de la visite fit d'abord résonner chaque dalle à l'aide de coups frappés avec une pince en fer.

Toutes les dalles qui rendaient un son tant soit peu suspect furent marquées d'une grande croix à la craie, et ce n'est pas sans un vif serrement de cœur que le brave André vit la dalle, sous laquelle se trouvait le drapeau, recevoir la marque fatale.

Ce premier travail terminé des hommes commencèrent à soulever, dalle par dalle, toutes celles qui étaient marquées, et aussitôt une dalle enlevée on sondait la terre qu'elle avait recouverte.

Celui qui écrit ces lignes se souvient encore du récit, que le vieil André lui fit bien souvent, de cette journée pendant laquelle ce brave homme ne laissa à aucun moment voir son trouble, ni deviner ses craintes ; pas un instant il ne perdit son sang-froid et c'est certainement à lui qu'est due l'heureuse issue de cette deuxième visite.

Comme je l'ai dit plus haut, les caves du château sont très grandes, et heureusement le nombre des dalles marquées à la craie fut considérable.

La matinée avait été en partie perdue à visiter le château. Cette visite terminée, les Allemands avaient sondé les dalles et ce n'est qu'après le déjeuner que le soulèvement des dalles fut entrepris. Ce travail était long et pénible. Les vieilles dalles des Vosges tenaient bien et semblaient vouloir défendre le trésor qu'on leur avait confié.

Néanmoins les travailleurs approchaient de la dalle du drapeau.

L'officier qui surveillait les travaux donnait des signes évidents de fatigue. Depuis le matin il était debout, n'ayant pas un siège pour s'asseoir. Il allait d'un mur à l'autre, s'appuyant pour se reposer.

La figure de brave homme d'André Rey n'avait pas manqué de faire sur l'officier une bonne impression et les deux adversaires causaient en amis continuellement.

— Vous êtes fatigué, Monsieur l'officier, dit André, vous devriez vous asseoir. Laissez-moi vous arranger un siège ?

Et sur ces mots, André prit un sac plein de pommes de terre et, le traînant sur les dalles, vint le placer non loin de l'officier, puis il en prit un second qu'il vint déposer le long du premier et un troisième qui fut allongé sur les deux autres.

Ce canapé improvisé terminé, André invita l'officier à s'en servir, ce que ce dernier s'empressa de faire avec un visible plaisir.

André était trop malin pour avoir placé les trois sacs au hasard. Ils recouvraient la terrible croix de craie, et l'officier allemand devint ainsi le gardien du drapeau qu'il prétendait emporter..

Je dois à la vérité d'ajouter que toutes les autres dalles marquées ne furent pas soulevées, loin de là même.

Les journées de novembre sont courtes, l'officier se sentait ridicule à bousculer ainsi inutilement cette cave, les hommes fatigués travaillaient avec une mollesse croissante.

La nuit vint.

— Décidément le drapeau n'est pas dans la cave, dit l'officier qui en avait assez.

— Je vous l'avais bien dit, répondit André avec son flegme ordinaire.

Les recherches furent arrêtées et chacun s'en fut chez soi.

Mais l'alerte avait été vive, le drapeau en danger ; aussi, deux jours après la visite domiciliaire, le turco Kaddour, sortant du château plus gros qu'il n'y était entré, rapportait au lieutenant Paquin le drapeau du 36ᵉ de ligne.

Ce drapeau reprenait de nouveau sa place dans le lit de l'officier qui le garda définitivement.

IV

Dans les premiers jours de mars 1871, le lieutenant Paquin, assez remis pour pouvoir voyager, fut autorisé à rentrer en France par le comte de Bismarck-Bohlen.

Avant de partir, cet officier fit ses adieux au docteur Klein, de Niederbronn, qui l'avait soigné et lui demanda ce qu'il pourrait bien faire pour reconnaître ses services.

Le docteur lui demanda un morceau du drapeau.

Le lieutenant Paquin découpa environ 10 centimètres carrés dans le bas angle rouge, et le remit au docteur.

On m'a raconté (?) que plusieurs années après la guerre, M. Jules Ferry étant venu aux eaux de Niederbronn, le docteur Klein lui avait montré sa relique et avait consenti à la partager avec lui.

Le 6 mars 1871, le lieutenant Paquin quittait les ambulances de Reichshoffen, où il avait séjourné exactement sept mois, pour rentrer en France par Mayence, Cologne et Bruxelles.

Gardien principal du drapeau, c'était à lui que revenait l'honneur de le rapporter en France.

Cette fois encore le drapeau fut enroulé autour du

corps de celui qui l'emportait et le 10 mars l'emblème du pays se retrouvait sur le sol français.

M. Paquin fit savoir aussitôt au lieutenant-colonel Cloux, du 36ᵉ de ligne, qu'il avait le drapeau de son régiment. Le colonel Krien en fut avisé et envoya, à la fin du mois de mars, une députation d'officiers pour le chercher.

Actuellement le drapeau, m'assure-t-on, est placé dans la salle d'honneur de son régiment.

Le lieutenant Paquin fit plus tard un voyage en Allemagne et, visitant l'arsenal de Munich, il y vit l'aigle et la cravate du drapeau qu'il avait rapporté en France.

V

Je devrais terminer ici ce trop long récit ; mais il a
un épilogue que je vais conter très brièvement.

A son retour en Alsace, mon père fut mis au courant
des événements, concernant le drapeau, qui s'étaient
passés en son absence.

Le cocher était accusé par tous d'avoir, à deux
reprises différentes, trahi le secret de la présence du
drapeau chez nous.

Mon père le congédia sans lui donner aucun motif
de ce renvoi.

Plusieurs années passèrent sur tous ces événements
dont le souvenir, même à Reichshoffen, devenait
moins vivace.

Un jour mon père reçut la visite de l'abbé D...,
curé de notre village, qui lui demanda un entretien
particulier.

« Je suis chargé, par un de mes pénitents, dit le
prêtre, de réparer une injustice.

« Je sais, par le secret de la confession, le nom de
celui qui, en 1870, a dénoncé aux Allemands la pré-

sence d'un drapeau français au château. Je dois taire ce nom ; mais je puis vous jurer que le coupable n'est pas votre ancien cocher. »

Huit jours plus tard, ce serviteur, injustement soupçonné, reprenait sa place dans notre maison.

www.ingramcontent.com/pod-product-compliance
Lightning Source LLC
LaVergne TN
LVHW010434060726
842526LV00005B/1785